¿CÓMO PODEMOS UTILIZAR

LA POLEA?

**David y Patricia Armentrout
traducido por Diego Mansilla**

Rourke
Publishing LLC
Vero Beach, Florida 32964

www.rourkepublishing.com

PHOTO CREDITS: ©Armentrout Cover, pg. 11; ©James P. Rowan pg. 4; ©David French Phtography pgs. 14, 17, 20, 23, 27, 29; ©Painet, Inc. pgs. 7, 9, 19; ©Mary Kate Denny/PhotoEdit/

Cover: *Los arcos compuestos usan poleas para reducir el esfuerzo de tirar de la cuerda.*

Editor: Frank Sloan

Cover design: Nicola Stratford

Series Consulting Editor:Henry Rasof, a former editor with Franklin Watts, has edited many science books for children and young adults.

Spanish Editorial Services by Versal Editorial Group, Inc. www.versalgroup.com

Library of Congress Cataloging-in-Publication Data

Armentrout, David, 1962-
  ¿Cómo podemos utilizar la polea ?/ David and
Patricia Armentrout.
     p. cm.
Summary: Defines pulleys, explains their functions, and suggests simple
experiments to demonstrate how they work.
Includes bibliographical references and index.
  ISBN 1-58952-436-5
  1. Pulleys—Juvenile literature. [1. Pulleys--Experiments. 2.
Experiments.] I. Title: Pulley. II. Armentrout, Patricia, 1960- III.
Title.
  TJ1103 .A758 2002
  621.8—dc21

                                                    2002007652

Contenido

Polea: una rueda por cuyo perímetro acanalado pasa una cuerda o cable; una máquina simple que facilita el trabajo.

Algunas poleas tienen más de una rueda y cable.

Máquinas simples

La rueda, la palanca y el plano inclinado son máquinas simples. La rueda nos ayuda a mover objetos con menos **fricción**. La palanca nos ayuda a mover objetos con menos esfuerzo. El plano inclinado nos ayuda a mover objetos a otros niveles de altura.

La cuña, el tornillo y la polea son también máquinas simples. La cuña actúa como un plano inclinado móvil. El tornillo es un plano inclinado **espiralado**. Las máquinas con poleas pueden levantar grandes pesos.

La bicicleta está formada por varias máquinas simples. ¿Puedes ver alguna máquina simple aquí?

Uso de las máquinas

¿Sabías que cuando cierras la tapa de un frasco estás usando una máquina simple? Estás usando un tornillo. ¿Y cuando usas un abridor de botellas para quitar la tapa de una bebida? Un abridor de botellas es un tipo de palanca.

¿Alguna vez viste una grúa levantar una carga pesada? Las grúas usan poleas para facilitar el trabajo. Las grúas que tienen poleas combinadas ofrecen una **ventaja mecánica**.

Ventaja mecánica es lo que se gana cuando una máquina nos permite usar menos fuerza o esfuerzo.

Un camión grúa con polea móvil puede levantar y mover un silo.

Las poleas y el trabajo

Hay dos clases de poleas: fijas y móviles. Las poleas fijas se quedan en su lugar. Las poleas móviles se mueven con la carga. ¿Cuál es la relación entre las poleas y el trabajo? Primero hay que saber qué es el trabajo. Trabajo es la fuerza necesaria para mover un objeto a una determinada distancia. Los científicos usan la fórmula:

FUERZA X DISTANCIA = TRABAJO

Al combinar una polea fija con una móvil, se forma un sistema de poleas que nos permite usar menos fuerza para realizar el trabajo.

Una polea fija te permite cambiar la dirección de la fuerza.

Poleas fijas

Las poleas fijas no nos dan ninguna ventaja mecánica, pero nos permiten cambiar la dirección de una fuerza.

El mástil de una bandera tiene una polea fija en el tope. Piensa en lo que ocurre cuando usas una polea para izar una bandera. Al tirar de la cuerda, la bandera, atada al otro lado de la cuerda, sube. La mayoría de la gente considera más fácil subir una bandera usando una polea que subir con una escalera al tope del mástil.

Es fácil izar una bandera si hay una polea en el tope del mástil.

14   *Haz una polea fija con el palo de una escoba, un balde y una cuerda.*

Cómo hacer una polea fija

NECESITARÁS:

- 2 sillas de respaldo abierto
- escoba
- amigo
- tijeras
- cuerda
- balde pequeño con manija
- monedas para usar como pesas

Coloca las dos sillas enfrentadas por sus respaldos a 3 pies (0.9 metros) de distancia una de otra. Coloca la escoba entre las sillas para formar una barra y pide al amigo que la sostenga firmemente. Corta un trozo de cuerda con las tijeras, que mida el doble de la distancia desde la escoba hasta el piso. Con uno de los extremos de la cuerda, ata un nudo alrededor de la manija del balde. Coloca el balde en el piso. Pon algunas monedas en el balde para que hagan peso. Coloca el extremo libre de la cuerda sobre el palo de la escoba. La escoba actuará como polea.

Experimenta con tu polea fija

Siéntate enfrente de la polea y tira hacia abajo el extremo libre de la cuerda. Fíjate en la distancia que tiras la cuerda y la altura a que se eleva la carga. Cuando usas una polea fija, la carga se mueve la misma distancia que tiras de la cuerda. La fuerza que necesitas para levantar la carga equivale al peso de la carga.

Este experimento te ayudará a aprender cómo funciona una polea fija.

17

Poleas y contrapesos

Un ascensor es una máquina que usa un sistema de polea fija. El ascensor sube o baja por medio de un cable que pasa por una polea ubicada en la parte superior del pozo del ascensor. El otro extremo del cable está atado a un **contrapeso**. El contrapeso equilibra el peso del ascensor. El motor que hace mover la polea sólo necesita fuerza suficiente para mover el peso de los pasajeros del ascensor, no el peso del ascensor mismo.

Las grúas torre utilizadas en la construcción de rascacielos tienen poleas con contrapesos. ¿Se te ocurre alguna otra máquina que use poleas y contrapesos?

Un contrapeso equilibra el peso de la grúa torre mientras levanta una carga pesada.

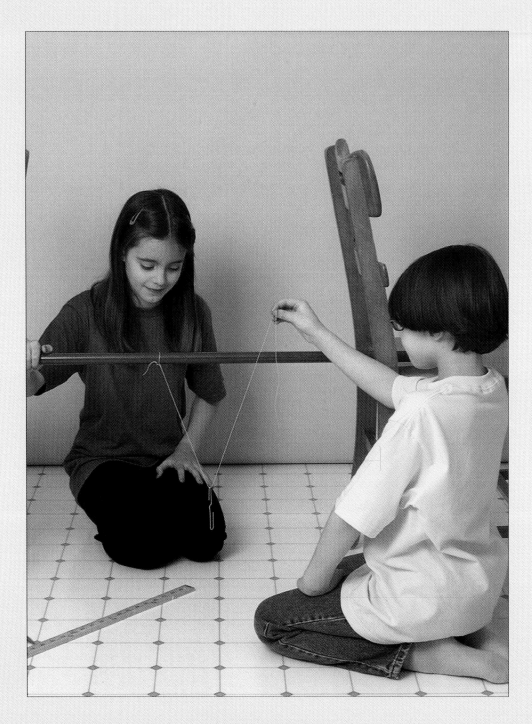

Un sujetapapeles se desliza libremente sobre una cuerda y actúa como una polea móvil.

Cómo hacer una polea móvil

Una polea móvil es una polea que se mueve con la carga. Para hacer una polea móvil, necesitarás todos los materiales del primer experimento, más un sujetapapeles.

Usa la misma posición de las sillas y la escoba del primer experimento. Pide a tu amigo que sostenga firmemente el palo de escoba. Con las tijeras, corta un trozo de cuerda igual al doble de la distancia que hay desde el palo de escoba hasta el piso. Usa un extremo de la cuerda para atar un nudo alrededor del palo de escoba.

Abre el sujetapapeles para formar un gancho en cada extremo. Levanta el extremo libre de la cuerda. Coloca el gancho del sujetapapeles en la cuerda. El sujetapapeles debe deslizarse libremente cuando levantas y bajas la cuerda. El sujetapapeles funciona como tu polea móvil.

Experimenta con tu polea móvil

Tu amigo necesitará una vara de medida con la polea móvil que acabas de hacer.

Tu polea móvil hace que cada mitad de la cuerda soporte la mitad del peso de la carga. La mitad de la cuerda que va desde el palo hasta el sujetapapeles comparte el peso de la carga equitativamente con la mitad de la cuerda que va desde el sujetapapeles hasta tu mano.

Ubica el balde con las monedas en el piso, debajo del palo de escoba. Coloca la manija del balde en el gancho inferior del sujetapapeles. Levanta la cuerda hasta que el balde se levante 10 pulgadas (25 cm) del piso. Haz que tu amigo mida 10 pulgadas (25 cm) con la regla. Debería llevar 20 pulgadas (51 cm) de cuerda para levantar el balde 10 pulgadas (25 cm).

Una polea móvil te permite ejercer menos esfuerzo.

23

Poleas que trabajan en conjunto con otras poleas

Algunas máquinas, como las grúas, mueven cargas muy pesadas. Las grúas levantan cargas pesadas utilizando más de una polea al mismo tiempo. Las grúas suelen usar sistemas de poleas llamados **aparejos**. Los aparejos consisten en varias poleas móviles que reducen la cantidad de fuerza necesaria para mover una carga.

Ahora sabes que una polea fija permite realizar cambios en la dirección, y una polea móvil permite compartir el peso de la carga. Veamos qué pasa cuando combinas una polea fija con una móvil.

La jarcia de un barco se compone de varias poleas fijas y móviles. Las poleas se usan para subir y bajar las velas.

Cómo hacer un sistema de doble polea

Utilizarás todos los materiales del último experimento excepto el sujetapapeles.

Coloca las sillas y la escoba en la misma forma en que lo hiciste para el último experimento. Haz que tu amigo sostenga firmemente el palo de la escoba. Con las tijeras, corta una longitud de cuerda equivalente a tres veces la distancia que va del palo de escoba hasta el piso. Ata un nudo con un extremo de la cuerda alrededor del palo de escoba. Coloca el balde en el piso debajo de la cuerda. Pasa el extremo libre de la cuerda a través de la manija del balde y luego hacia arriba, sobre el palo de escoba.

Tu polea fija se encuentra en el palo de escoba. Tu polea móvil es la manija del balde que se mueve libremente cuando la cuerda sube y baja.

Es más fácil levantar una carga si se usa un sistema de doble polea.

Experimenta con un sistema de doble polea

Coloca algunas monedas dentro del balde para hacer peso. Tira para abajo del extremo libre de la cuerda hasta que el balde se levante 10 pulgadas (25 cm) del piso. Haz que tu amigo mida 10 pulgadas (25 cm) con la regla. ¿Cuánta cuerda se necesitó para levantar el balde? ¿Se necesitaron 20 pulgadas (51 cm)? Tu sistema de doble polea te dio el beneficio del cambio de dirección y la ventaja mecánica de compartir el peso de la carga.

Un sistema de doble polea te da una ventaja mecánica.

Glosario

contrapeso: peso que equilibra el peso de una carga

espiralado: enrollado alrededor de un eje

fricción: fuerza que frena a dos objetos cuando son frotados entre sí

ventaja mecánica: lo que se gana cuando una máquina simple te permite usar un menor esfuerzo para realizar una tarea

Lectura adicional

Macaulay, David. *The New Way Things Work.* Houghton Mifflin Company, 1998

Seller, Mick. *Wheels, Pulleys & Levers.* Gloucester Press, 1993

VanCleave, Janice. *Machines.* John Wiley & Sons, Inc., 1993

Sitios web para visitar

http://www.kidskonnect.com/

http://www.most.org/sin/Leonardo/InventorsTool box.html

http://www.brainpop.com/tech/simplemachines/

Índice

Acerca de los autores

David y Patricia Armentrout han escrito muchos libros para jóvenes. Ellos se especializan en escribir sobre temas de ciencia y estudios sociales. Han publicado varios libros de lectura para escuela primaria. Los Armentrout viven en Cincinnati, Ohio, con sus dos hijos.